Gütersloher Verlagshaus. Dem Leben vertrauen

Margot Käßmann

Was im Leben trägt

Gütersloher Verlagshaus

Den Glauben erleben

In unserer Zeit ist ein großes Bedürfnis nach erlebter und gelebter Religion, nach erfahrbarem Glauben wahrnehmbar. Viele Menschen fragen nach Religion, sind auf der Suche nach Halt im Glauben und im Gebet. Ich möchte Menschen ermutigen, ihren eigenen spirituellen Weg zu finden, sich auf die Erfahrungsdimension des Glaubens einzulassen, Sinnlichkeit statt Wortfixiertheit, Lebenslust und Erleben statt Enge und Strenge zuzulassen.

Die Schatzkiste öffnen

Wir haben einen ganzen Schatz an spiritueller Tradition! Ja, da ist eine Schatzkiste, denke ich oft, wir müssen sie nur öffnen. Und dann könnten wir einzelne Schätze hervorholen, das eine vielleicht zurücklegen, das andere aber neu aufpolieren oder auch eine Fortentwicklung wagen, die in unsere Zeit passt.
Dieses kleine Buch verstehe ich als Ermutigung, die Schatztruhe zu öffnen, den Staub hier und da zu entfernen, aber doch auch zu staunen und sich zu freuen, was da alles zu finden ist auf der Suche nach dem, was im Leben trägt.

Sich am Glauben freuen

Spiritualität sollte mit einer gewissen Leichtigkeit des Herzens angegangen werden. In manchen Bereichen droht Spiritualität auch gesetzliche Züge anzunehmen, wenn Druck entsteht, etwa die sieben Fastenwochen einzuhalten, oder wenn bestimmte Übungen zu festgelegten Zeiten zwanghaft werden. Sicher gehört zur spirituellen Übung auch eine gewisse Disziplin und Regelmäßigkeit. Aber vor allem gehören zur Spiritualität die Freude am Glauben und die Liebe zu Gott. Die innere Freiheit, auch mit Heiterkeit auf sich selbst zu blicken, hat durchaus Raum in der Spiritualität.

Das Kreuz als Zentrum

Unser Erkennungszeichen ist das Kreuz. Dieses Zeichen ist auf der ganzen Welt bekannt und als christliches Symbol identifizierbar. Genau hier liegt unsere Mitte, unser Zentrum, unsere Unverwechselbarkeit.
Das Kreuz, das für Leiden und Sterben, für Mitleiden und Freiheit, für Überwindung des Todes und Auferstehung steht, ist das Markenzeichen des christlichen Glaubens weltweit. Hier entscheidet sich, was christlich ist und was nicht.

Miteinander

Christentum ist eine Gemeinschaftsreligion. So sehr wir individuell glauben, eine je eigene Gottesbeziehung haben, so sehr geht es doch von Anfang an um ein Miteinander. Das kann manchmal anstrengend sein und durchaus auch ein Miteinander in Konflikten bedeuten. Schon im ersten Korintherbrief in der Bibel können wir das nachlesen. Aber es geht immer um eine religiöse Existenz, die die Brüder und Schwestern im Glauben im Blick hat. Christliches Leben und Egomanie sind ein Widerspruch in sich selbst.

Mit der Bibel leben

Die Bibel ist das grundlegende Buch unseres Glaubens. Sie liest sich niemals aus, denn ein Text der Bibel ist nie ein für alle Mal im Leben derselbe.
Für mich selbst merke ich, wie die Texte der Bibel immer neu in die jeweilige Situation hinein sprechen. Der biblische Text ist die Niederschrift einer Glaubenserfahrung, die in Dialog tritt mit Glaubenden heute und ihrer jeweiligen Situation.
Erzählte Gotteserfahrung und erlebte Gottesexistenz treffen aufeinander. Es geht um eine Dreiecksbeziehung zwischen Gott, Mensch und Lebenssituation, in der biblische Texte je neu bedacht und wichtig werden.

Eine überzeugende Sprache finden

Mir geht es darum, dass wir in unserer Zeit von der Bibel her Orientierung suchen und auch endlich die Sprache wieder finden. Über alles und jedes wird gesprochen, aber nicht über den eigenen Glauben. Es wird darauf ankommen, in der individualisierten Gesellschaft zu sagen, was ich glaube, was mich überzeugt, was mich trägt.

Was müssen wir als Christinnen und Christen tun, um Menschen nahezubringen: Du kannst dich auf Gott verlassen. Gott kann der feste Grund in deinem Leben sein, Jesus kann für dich ganz persönlich etwas bedeuten. Welche Sprache können wir finden, die weder verkitscht noch altertümlich oder aufdringlich ist, sondern schlicht überzeugend?

Gemeinschaft leben

Gemeinschaft im Hören, Singen, Beten und vor allem im Abendmahl ist Teil christlicher Spiritualität. Menschen sind eingeladen, in den Gottesdienst zu kommen aus Freude an Gottes Gegenwart, an der Schönheit des Gotteshauses, an der Liebe zu Gottes Wort, im Bewusstsein der Gemeinschaft.

Unsere Spiritualität kann sich ganz individuell gestalten durch die vielen Möglichkeiten, die unser Glaube bietet. Aber es ist wichtig, dass sie immer auch eingebettet ist in die Spiritualität der Tradition und der Gemeinschaft.

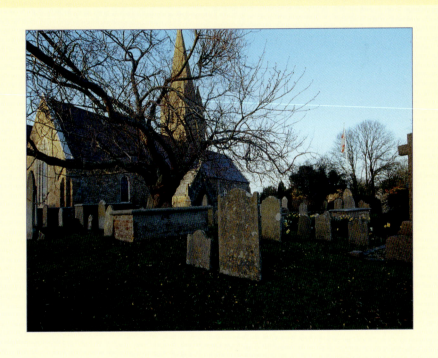

Gebet als Teil des Alltags

Das Gebet ist wohl der einfachste Zugang zu Spiritualität. Da bedarf es keiner langwierigen Unterweisung, es betet sich sozusagen von selbst.

Es ist gut, einen eigenen Ort für das Gebet zu haben oder eine feste Zeit. Es gibt das gemeinsame Gebet im Gottesdienst, aber vor allem auch das persönliche Gebet im Tagesablauf. Gebet ist auch Einübung einer gewissen Routine. Auf diese Weise kann das Gespräch mit Gott Teil unseres Alltags werden.

Die Zweifel ins Gebet nehmen

Niemand steht so fest im Glauben, dass er oder sie nicht auch wanken würde. Vor allem der Anblick oder die Erfahrung von Leiden bringen uns die drängenden Fragen: Gibt es Gott? Und wenn es Gott gibt, wie kann Gott das zulassen? Warum wurde mein Gebet nicht erhört? Mich beeindruckt an der Gebetserfahrung unserer Mütter und Väter im Glauben, dass dieser Zweifel immer wieder hineingenommen wurde in das Gebet. Natürlich hadern wir. Und wir spüren auch den Stachel, der uns immer wieder anbohrt. Die Zweifel und Fragen gilt es, mit hineinzunehmen in das Gespräch mit Gott. Aber schon indem wir beten, glauben wir ja an die Existenz Gottes.

Beten schenkt Gemeinschaft

Wir beten ja nicht allein, sondern mit der ganzen Christenheit. Wir stehen sozusagen in einer Erdumkreisung des Gesprächs mit Gott. Auch so ist Gott präsent auf der ganzen Welt. Dass wir füreinander beten, stellt uns in eine Gemeinschaft. Einem anderen zu sagen: Ich bete für dich, kann Trost schenken, Belastung verteilen auf mehrere Schultern, es ermutigt in schweren Zeiten, weil ich weiß, ich bin nicht alleingelassen. So ist Beten sowohl Teil meiner Gottesbeziehung als auch Element unserer Gemeinschaft. Und wenn wir fragen, ob Beten Wirkung erzielt, so beginnt die Wirkung ja schon, indem wir uns zu Gott wenden und für andere einstehen.

Sich anvertrauen

Eine entscheidende Erfahrung des betenden Menschen ist: Ich lasse mich selbst los. Ich vertraue mich einem anderen an. Ich begebe mich in ein Gespräch mit Gott, der mehr ist als das Hier und Jetzt, die weiter und größer und tiefer ist, als ich denken kann.

Diese Selbstentäußerung, dieses Loslassen, prägt die Lebenshaltung eines Menschen. So erfahre ich durch das Gebet auch Freiheit von all dem Druck, unter dem ich stehe. Manches, was ausgesprochen ist, vor Gott besprochen ist, verliert seine Macht, es bedrängt uns nicht mehr so. Probleme verschwinden nicht durch das Gebet, aber sie werden manches Mal auf die ihnen angemessene Dimension zurückgestuft.

Geborgenheit erleben

Wenn Menschen in Angst und Gefahr nicht mehr ein noch aus wissen, ist das gemeinsame Gebet ein Angebot der Geborgenheit und Gemeinschaft.
So sind das persönliche Gebet und das gemeinsame Gebet, mein Gebet zu Gott und mein Gebet für andere tragende Säulen christlicher Spiritualität.

 *Mehr als Worte sagt ein Lied*

Auch das Singen ist wahrhaftig ein Herzstück christlicher Spiritualität, ja Musik insgesamt ist einer der Grundpfeiler unseres Glaubens. Ein Lied auf den Lippen, das kann unendlich viel bedeuten.

Das kennen doch viele Menschen, dass einem das Herz übergeht vor Glück oder das Herz schier zu brechen scheint vor Schmerz und Kummer. Dann ist es gut, ein Lied zu kennen, das hilft, den Gefühlen, den Glaubensfragen Raum zu geben.

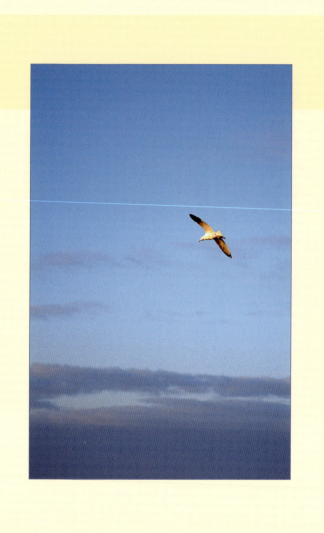

Gott, ich und mein Nächster

Es ist mir wichtig, wenn wir über Spiritualität nachdenken, die Gottesliebe, die Selbstliebe und die Nächstenliebe in einer Balance zu halten.

Nach meinem Verständnis der Bibel geht es im Christentum nie nur um einen Aspekt, sondern stets um alle drei gemeinsam. Wir stehen in einem Beziehungsdreieck mit unserem Glauben zwischen Gott, uns selbst und dem Nächsten.

Deshalb ist christliche Spiritualität nie weltabgewandt oder individualistisch, sondern stets eingebettet in das Hier und Jetzt.

Glaube, der mich stärkt

Die Spannung zwischen Spiritualität und Alltag ist für mich ein wohltuendes Zusammenspiel im Christentum. Weder scheint mir völlige Weltentfremdung als der rechte Gottesdienst, noch völliges Aufgehen in der Welt als Zentrum christlicher Existenz. Jeder Christ, jede Christin, aber wohl auch jede Zeit muss immer neu die eigene Balance zwischen Innerlichkeit und äußerer Welt finden. Niemals kann ein Christ ganz und gar der Welt entfremdet leben, niemals eine Christin völlig in der Welt aufgehen. Bei einer spirituellen Glaubenserfahrung geht es nicht um Selbsterlösung und auch nicht um Weltflucht oder Rückzug in irrationale Bereiche, sondern um einen Glauben, der mich stärkt.

Was im Leben trägt

Lassen Sie sich ein auf die Suche nach Ihrem Weg zur Gotteserfahrung. Manchmal braucht es Mut, sich auf einen solchen Weg zu begeben. Dieser Mut aber lohnt sich, denn erfahrener und gelebter Glaube gibt unserem Leben eine Tiefe, die nicht käuflich ist.
Es geht um Halt und Orientierung in diesem Leben und weit darüber hinaus. Dafür Zeit zu finden in unserem Leben, ist eine lohnende Angelegenheit. Wir erfahren, dass der christliche Glaube nicht eine Sache allein des Kopfes ist. So wird die biblische Überlieferung zur persönlichen Gotteserfahrung. So kann Jesus Christus erfahren werden mit Herzen, Mund und Händen als der, der im Leben trägt.

Bibliografische Information der Deutschen Nationalbibliothek
Die Deutsche Nationalbibliothek verzeichnet diese Publikation
in der Deutschen Nationalbibliografie; detaillierte bibliografische
Daten sind im Internet über http://dnb.d-nb.de abrufbar.

Die Texte dieses Geschenkbuches sind, teilweise mit kleinen Veränderungen, dem Buch
entnommen: Margot Käßmann, Mit Herzen, Mund und Händen, Gütersloh 2007,
ISBN 978-3-579-06442-0

1. Auflage
Copyright © 2008 by Gütersloher Verlagshaus, Gütersloh,
in der Verlagsgruppe Random House GmbH, München

Dieses Werk einschließlich aller seiner Teile ist urheberrechtlich geschützt.
Jede Verwertung außerhalb der engen Grenzen des Urheberrechtsgesetzes ist
ohne Zustimmung des Verlages unzulässig und strafbar. Das gilt insbesondere
für Vervielfältigungen, Übersetzungen, Mikroverfilmungen und die
Einspeicherung und Verarbeitung in elektronischen Systemen.

Umschlaggestaltung: schwecke.mueller Werbeagentur GmbH, München,
unter Verwendung eines Motivs von Sean Russell / © gettyimages; Porträtfoto: © Olaf Ballnus, Hamburg
Bilder innen: Bild 1, 6 – 9, 11 – 13, 15 – 17: Sandra Radl; Bild 2 – 5, 10, 14, 18 – 19: Christine Keim
Reproduktionen: redhead, Steinhagen
Druck und Einband: Těšínská tiskárna, a.s., Český Těšín
Printed in Czech Republic
ISBN 978-3-579-07010-0

www.gtvh.de